Der Friede in Dir.

Das Schlüsselbuch zum inneren Frieden.
Dieses Buch ist bewußt in aller Knappheit geschrieben für
all diejenigen, die wenig Zeit haben bzw. keine Lust
haben, lange die Nadel im Heuhaufen zu suchen.
Wenige und klare Worte bedeuten auch Ruhe und Frieden,
als Gegensatz zu all dem vielen Geplapper und Gerede in
der Welt.
Sie finden hier eine Anleitung zum Finden des inneren
Friedens – der Quelle ihrer Liebe und ihres Seins. Viele
Menschen bekommen schon in frühen Jahren ihres Lebens
vermittelt, dass Stress und viel Arbeit lebenswichtig sind,
„damit was aus dir wird!" Dies ist aber nur eine
Teilwahrheit. „In der Ruhe liegt die Kraft" ist nur einer
von vielen Aphorismen, die erahnen lassen, wie wichtig
das tägliche leben eines Friedens für uns ist. Hat man den
inneren Frieden einmal entdeckt, ist er wie eine Burg,
uneinnehmbar und besonnen ruhend auf der Spitze eines
Berges und ihre Bewohner schützend.

AF211396

Herstellung: Books on Demand GmbH

ISBN 3-8311-3210-0

Inhaltsverzeichnis

Reden ist Silber, Schweigen ist Gold.

oder

„Sei still, sei still, weil Gott dir etwas sagen will."

Kommunikation ist ein wichtiges Kriterium der Weiterentwicklung des Menschen. Sie ist die Grundlage des stetigen Austausches, ähnlich dem Fließen des Blutes in unserem Körper, welches den Körper dort unterstützt wo er gerade Energie benötigt. So kommunizieren wir meistens auch über die Themen die wir in unser Leben noch nicht integriert haben. Themen die uns bewegen, oder eben auch aus unserer ruhenden Mitte heraus bewegen. Weiterhin kommunizieren wir ständig mit unserer Umwelt wie auch mit uns selbst durch unsere Gedanken. Dieser große Fluss von Informationen ist Segen und Fluch zugleich. Der Fluch liegt darin, dass sich leider nur allzu oft die Kommunikation und die Gedanken scheinbar selbständig machen und uns anscheinend mehr beherrschen als uns lieb ist. Dieses ständige Reden und Denken lenkt uns sehr von unserer inneren und ruhenden Mitte ab. Der innere Frieden, welcher in dieser unserer Mitte liegt, kommt, wenn die Worte und Gedanken verstummen. Dann befinden wir uns in der wichtigen Lücke zwischen zwei Gedanken, nichts anderes ist Meditation (Medi = Mitte).
Dies ist meist leichter gesagt als getan. Doch die Übung im Schweigen und der Gedankenlosigkeit bringt große Früchte, denn die Wogen auf dem Meer unserer Seele können sich darin selbsttätig glätten und die Stürme des Egos sich beruhigen lassen. Durch diese Ruhe bekommen wir den Blick bis zum Horizont des Lebens und nicht nur auf die wogende Welle und ihr Tal.

Auch wenn wir umgeben sind von tosenden Gedanken, ähnlich wie wenn wir in einem Menschenstrom stehen, können wir diese zwar wahrnehmen, aber uns davon nicht mehr berühren und ablenken lassen. Wir lassen uns in diesen Momenten einfach mittreiben und spüren nun viel besser unsere, latent immer vorhandene, Verbindung zu Allem.

Die Geschehnisse im Leben an sich sind neutral, je nach dem wie wir sie verarbeiten, ob nun als Störung, oder so wie nicht vorhanden, nehmen sie uns oder geben sie uns Ruhe und Energie.

So entscheiden wir ob uns der Ventilator mit seinem Rauschen eher stört oder uns an eine entspannende Urlaubsstimmung erinnert.

Die Sehnsucht unserer Seele nach ihrem Ursprung nämlich Frieden und Ruhe ist die treibende Kraft, uns für manche Augenblicke von allen Geschehnissen am besten aber an einen Ort der Ruhe zurückzuziehen. Es kann auch schon genügen, wenn man zum Beispiel in der U-Bahn die Augen schließt und versucht an rein gar nichts mehr zu denken. Die trotzdem heraufziehenden Gedanken begrüßt man freundlich wie einen Bekannten, dem man nun kurz und liebevoll klar macht, dass man leider keine Zeit für ihn hat. Nach kurzer Zeit werden die Gedanken weniger, denn man erlaubt ihnen einfach weiter zu ziehen *Das worauf man keine Aufmerksamkeit lenkt verstärkt sich auch nicht.* So rückt der innere Frieden mehr und mehr in die Wahr-nehmung und verstärkt sich somit nach und nach. Das Verweilen in der Lücke der Gedanken ist ein großer Genuß und man kann spüren wie die Lasten des Alltags Stück für Stück abfallen wie reife Früchte vom Baum des Lebens.

Am Baum des Schweigens hängt seine Frucht, der Friede. *Arabische Spruchweisheit*

Nicht außerhalb, nur in sich selbst soll man den Frieden suchen. Wer die innere Stille gefunden hat, greift nach nichts und er verwirft auch nichts. *Buddhistische Weisheit*

Reden ist Silber, schweigen ist Gold. *Sprichwort*

Atmen – Trinken – Essen

Ohne zu essen, können manche Menschen wenige Wochen bis hin zu mehreren Monaten leben. Ohne zu trinken, wird dies schon schwieriger, und ohne zu atmen ist dies bekannter weise nach wenigen Minuten unmöglich. Der Atem ist also somit die größte Quelle Ihres Lebens. Sie achten sicherlich darauf, was und wie sie trinken und essen, aber haben sie schon einmal darauf geachtet, wie sie atmen? Außer, dass sie ab und zu lüften tun wir alle wahrscheinlich wenig dafür.

Während sie zwanglos das Schweigen üben, können sie ihre Aufmerksamkeit sachte auf ihren Atem lenken. Dies bringt ihnen zusätzlich Frieden, denn sie bekommen das Gefühl der bedingungslosen Versorgung von der Natur, zudem nutzt ihr Körper die Energie des Sauerstoffs wesentlich intensiver. Das Leben wurde ihnen geschenkt, und der Treibstoff kostenlos dazu – wie ein Auto mit Sprit. Beobachten und erspüren sie einfach wie der Atem durch die Nase ruhig ein- und ausschwingt – mehr nicht. Die auftauchenden Gedanken nehmen sie an und lassen sie friedlich ziehen. Nach einigen Minuten stellt sich ein innerer Frieden ein. Als weitere Übung zum Atmen bietet sich folgende an: vier kurze Atemzüge gefolgt von einem ganz langen, durch die Nase geatmet. Diese Übung wird viermal hintereinander gleichmäßig wiederholt. Alles, was sie beim Atmen an Gefühlen spüren, wird verschwinden, wenn sie weiter atmen, denn sie atmen es aus und kommen mehr und mehr in ihre ruhende Mitte.

So wie die Redewendungen „mir stinkts", oder: „den kann ich nicht riechen" schon darauf hindeuten, dient die Luft auch als Informationsträger.

Die Energie einer großen Sorge oder eines großen Problems sammelt sich oftmals im Bereich des

Verdauungstraktes (Redewendung „Das bereitet mir Bauchschmerzen" oder „das ist ja zum Ko....."). Das tiefe Ausatmen des Seufzers ist nichts anderes, als das Loswerden dieser angesammelten Energie. Zuvor wird, die in den Magen eingeatmete Luft, mit dieser Energie verbunden.

Dasein genügt, denn alles ist wie es ist.

Diese Welt entwickelt sich anscheinend immer schneller und die Ansprüche steigen fast ebenso schnell. Die Ansprüche, die wir selbst stellen, sind auch die Ansprüche, die an uns gestellt werden, und so nährt sich dieser Kreislauf. Manchmal so schnell, dass wir uns überfordert fühlen. Doch in Allem etwas langsamer zu machen und „einen Gang runter zu schalten" erlaubt unser Ego oft nicht, denn ebenfalls sehr schnell wird man dann als Außenseiter ausgegrenzt. Das Prinzip des freien Wettbewerbs fordert hier seinen Tribut. In den Momenten der Besinnung und der Berührung mit unserem inneren Frieden ist es wichtig, uns wieder bewußt zu werden, wie das Leben im Eigentlichen Sinne ist, nämlich ohne die täglichen Lasten unserer selbst erschaffenen Lebensumstände und Kultur. Sie kennen sicherlich den oft zitierten Satz aus der Bibel:

„Seht euch die Vögel an, sie säen nicht, sie ernten nicht und sammeln keine Vorräte in Scheunen, euer himmlischer Vater ernährt sie. Seid ihr nicht viel mehr als sie? Wer von euch kann mit all seiner Sorge sein Leben auch nur um eine kleine Zeitspanne verlängern?" Erspüren sie in diesem Momenten die Bedeutung der Worte „Dasein genügt". Gilt es nicht, wie einst als kleines Kind nur um des Lebens Willen da zu sein und nicht mehr?

Wer meint, man verleugne damit die Realität, der irrt. Wer mit dem Gefühl des inneren Friedens die Dinge betrachtet, sieht sich, als stehe er, alles überblickend, auf einem hohen Berg, weniger involviert und gefangen in den scheinbaren Resultaten der kurzfristigen Sicht einer schnelllebigen

Zeit. Er ist frei von der einengenden, illusorischen Annahme, diese Welt mit Ihrem schnellen Tempo und ihrer oftmals begrenzten Sicht sei alles, denn er, auf der Spitze des hohen Berges sieht hinweg über alle Begrenzungen soweit das Auge der Imagination reicht. Probieren sie es doch einfach mal aus. Gönnen sie sich eine gewisse Zeit um einfach nur da zu sein und auch zu wissen, dass sie in diesem Moment nicht mehr sein oder tun müssen. Lassen sie sich für diese Momente ganz aus ihren alltäglichen Rollen fallen, ganz hinein in den Augenblick und eine Leichtigkeit des Seins.

Die Mitte (das Nichts) ordnet und löst auf.

Wenn sie nun den Hauch des Friedens in sich erspüren, befinden sie sich in ihrer Mitte, jenseits der Dualität von Gut und Böse, von Liebe und Angst, Hell und Dunkel sowie – Raum und Zeit. Die Wogen glätten sich sanft, denn Ihre zwanglose Aufmerksamkeit liegt nun auf dem Frieden, der wahren Natur ihrer Seele. Und dort wohin sie sehen, gehen sie auch. In dieser Mitte zu verweilen und nach einigem Üben auch zu bleiben, bedeutet wirklich reich zu leben. Denn der Genuß und die Freude des Lebens können sich nur entfalten, wenn sie diesen auch ein gutes Fundament und den Raum dazu geben. Zu viele jagen einer Trophäe nach der anderen nach und merken gar nicht, dass eigentlich das Wesentliche schon längst erreicht ist, würden sie einen aufmerksamen Blick in ihr wahres Inneres werfen.

Die Mitte ist die friedliche Einheit der Dualität aller Gegensatzpaare. In ihrer inneren Mitte sind sie eins mit beispielsweise ihren guten und schlechten Eigenschaften. Weder lobpreisen sie sich, noch werfen sie sich noch etwas vor für ihre Vergangenheit. Alles ist wie es ist und alles war wie es war. Auch sehen sie, in der Mitte ruhend, nicht nur noch die negativen Aspekte eines Problems. Die positiven Aspekte sind gleichermaßen vorhanden, waren bisher jedoch meist unbeachtet. Oftmals hat sich schon im Nachhinein gezeigt, dass eine zunächst unangenehme Sache im Leben viele positive Seiten mitbrachte. Schenken sie sich also einfach die Zeit des Leidens, indem sie gleich das Gute daran finden und nicht erst Monate oder Jahre später.

So wie es dem Mutigen vorbehalten ist, seine Schwäche zeigen zu können, so ist es auch weise zu sagen „ich weiß es nicht", denn mit jeder festen Behauptung provozieren wir das Universum, uns das duale Gegenteil vor Augen zu führen. Das Beispiel aus dem Alltag kenne sicherlich die meisten von uns. Sie möchten an einem bestimmten Tag mit ihren Freunden oder der Familie einen Ausflug machen und freuen sich darauf. Da sie daran festhalten und den natürlichen Energiefluss blockieren, kommen ihnen „plötzlich" manche Dinge in die Quere. Termine, Krankheit oder was auch immer – es wird ihnen sicherlich dazwischen funken. Sie können Dinge ahnen oder sagen, dass sie eventuell oder auch mit großer Wahrscheinlichkeit eintreffen werden, dann bleiben sie mit ihren Gedanken und Aussagen in der friedvollen Mitte und provozieren kein kompensatorisches Ergebnis.

Die Pytagoreer sagten einst, man solle sich weder zu sehr freuen, noch zu sehr leiden, denn Leid erzeuge Freude und Freude erzeuge das Leid.

Aufmerksamkeit

Das Phänomen der neutralen Aufmerksamkeit ist eines der
Wunder unseres Lebens, welchem wir wie dem Atem in
der Vergangenheit wenig Beachtung geschenkt haben. Die
Aufmerksamkeit verschafft dem Wunsch der Seele nach
Verbindung mit einer Sache, und letztlich mit der Welt
und dem Universum, Raum. Die Aufmerksamkeit ohne
Zwang, Gedanken, Hoffnung, Erwartung und Zweck, also
die reine und unverfälschte Aufmerksamkeit, ist die
Möglichkeit durch welche die kompensatorische Energie
des Ausgleichs fließt.
Wie das Gestänge der Waage an welchem sich die
Waagschalen auspendeln können. Dadurch schlagen wir
eine neutrale und verbindende Brücke zwischen Problem
und Lösung. Sie selbst und ihr Problem, sowie dessen
Lösung, sind nämlich immer eins. Dadurch, dass sie das
Problem oftmals negativ bewerten, halten sie es fest, so
dass der gewünschte Wandel ins Positive nicht stattfinden
kann. Somit erscheint es ihnen immer wieder als Schatten
ihrer selbst und wächst, denn sie geben durch ihre
zwanghafte Aufmerksamkeit auf das Problem die Energie
dazu. Somit galt Ihre Aufmerksamkeit bisher nur dem
Problem und seiner Negativität. Durch die neutrale
Aufmerksamkeit sehen sie alles so neutral wie es
eigentlich ist, und das Ausschwingen der Problem-Lösung
kann beginnen wie eine Schaukel, die langsam in der Mitte
zum Stehen kommt. Die Dinge an sich haben ja eigentlich
keine Bedeutung und erst unsere individuelle
Interpretation der Geschehnisse machen aus dem Nichts
einen Pol der Dualität – also Freud oder Leid.

Befinden wir uns über einen längern Zeitraum intensiv in der Aufmerksamkeit, so sind wir verbunden mit allen und allem im hier und jetzt.

Weder die Vergangenheit noch die Zukunft spielen eine Rolle, denn wir sind zu-frieden im Moment, wie einst als Kind. Damals spielten wir, alles vergessend und in den Moment versunken.

Achtsamkeit

Viele Menschen haben für andere mehr Zeit als für sich selbst, und richten ihre Aufmerksamkeit fast ausschließlich auf alles außerhalb ihrer selbst. Sie vergessen ihre eigenen Bedürfnisse, Gefühle, Gedanken und Befinden. Doch das biblische Gebot „Liebe deinen Nächsten wie dich selbst" spricht mehr von einer Ausgewogenheit als von einer Einseitigkeit. Achtsamkeit hält beides, Innen wie Außen, im Blick. Was auch immer der Mensch tut, ob er sein Hobby pflegt, im Beruf steht oder für andere da ist; handelt er achtsam, wird er bemerken wie sein Handeln geschieht und was es bewirkt, sowohl in seiner Umgebung als auch in ihm selbst.
Die Achtsamkeit ist die Grundlage der Verantwortung. Nur wer achtsam mit seiner Situation verbunden ist, kann sein Denken und Handeln auf für alle Beteiligten wohlwollende Weise modifizieren.
Wer achtsam ist, kann erkennen, ob Freude, Liebe, Geduld oder Ärger, Hass, Ungeduld oder Aggression eine Lebenssituation erfüllen.
Wer achtsam ist, bleibt sich seiner Ziele bewusst, kann sich selbst und Situationen so steuern, dass ein erfolgreicher Weg zur Erfüllung führt.
Achtsamkeit ist das Licht in unseren Wohnungen. Gefühle und Einstellungen sind die Farben der Lampenschirme, durch die das Licht scheinen mag, mal frisch, mal wohlig warm, mal grell und hell, mal schummrig. Neutrale und klare Achtsamkeit sagt jeder Zelle des Körpers und jedem anderen Lebewesen welchem wir begegnen: „Ich achte dich so wie du bist. Du bist nicht mehr oder weniger als ich, als wir, als alles. Wir sind eins."

In der Achtsamkeit harmonieren sich Aktion und Wahrnehmung und bleiben im Gleichgewicht.

Im Licht der Aufmerksamkeit erlebt sich der Mensch „in der Wahl", als Handelnder statt als Opfer seiner Umstände.

Achtsam zu sein bedeutet aufmerksam hin zu schauen, zu sehen was ist und wissen zu wollen was ist. Es bedeutet wachsam und verantwortungsbewusst da zu sein und die Dinge in sich hinein zu lassen.

Die Rückschau

Jedes Mal, wenn ich ein Problem habe, bin ich oft nur auf das Problem fixiert, und nicht etwa auf die Lösung. Dadurch kreisen unzählige Gedanken um das scheinbar nicht zu lösende Problem und verstärken dies damit zudem. So erscheint das Problem als allzu übermächtig und beherrschend, weit über die Grenzen der momentanen Situation hinaus. Um jedoch in einer klaren Sicht die wirkliche Bedeutung des momentanen Geschehens im Bezug auf mein Leben zu erkennen, stelle ich mit oftmals folgendes vor:
Ich liege mit 97 Jahren im Sterbebett und denke dann für einen kurzen Moment an des gegenwärtige Problem zurück. Dann stelle ich nicht nur fest, wie geringfügig es eigentlich war, sondern ich sehe auch, was alles an Positivem, damals noch nicht erkennbar, sich daraus entwickelt hat. Aus dieser wunderbaren erweiterten Sicht verlieren viele Dinge ihren bedrohlichen Charakter den man ihnen gegeben hat. Dann fallen Entscheidungen wesentlich einfacher.
Das Leben wird friedlicher und reicher, denn aus dieser Perspektive, die wir ja alle, ob früher oder später, erleben, sieht man alles wesentlich klarer, ohne Ängste, denn es gibt nichts mehr zu verlieren.
Wir sehen dadurch auch, wie eingeengt unsere Sichtweise oftmals ist, und wie eine Erweiterung unseres Denkens die Dinge relativieren kann.

Zitat Marc Aurel:
Man soll jeden Tag leben, als wäre er der letzte.

Nichts bewerten - Nichts verurteilen

Wenn wir werten und urteilen, dann ur-teilen wir einer Sache eine Eigenschaft zu und halten solange mit unserem Glauben daran fest, bis wir das Urteil wieder auflösen dürfen. Somit binden wir uns an das, was rechts und links von der Mitte des Friedens liegt.

Je weniger Urteile und Meinungen über gut und schlecht in uns tragen, um so mehr sind wir im Frieden mit uns und der Welt. Dies bedeutet jedoch nicht, sich keine Meinung mehr über die Dinge bilden zu können, sondern lediglich die Relativität eines jeden Urteils anzuerkennen. Somit bleibt das Urteil im Bereich des Wandelbaren und nicht im Starren. In Wahrheit gibt es kein gut und schlecht, sondern nur ein „anders". Was dem einen als schlecht gilt ist dem anderen recht. Der von uns als gut bezeichnete Lebens- weg scheint oft der kürzere Weg zusein welcher aber nicht unbedingt von wirklichem Vorteil ist. Denn Zeit und Raum spielen nur für das Ego und die Materie eine Rolle. Wenn die Seele eines 17 Jährigen und die Seele eines 90 Jährigen plötzlich z.B. die Erkenntnis des Friedens erlangen ist es für beide früh genug.

Wir erzeugen mit jeder Bewertung, und sei sie auch noch so gering, Unfrieden. Außerdem begegnen wir aufgrund des Gesetzes der Resonanz genau der Kritik, die wir selbst üben. Meckern sie also z.B an ihren Nachbarn immer herum, wird man irgendwann das auch mit ihnen tun. Wir säen Kritik und ernten diese, was sonst?

Die Vollkommenheit des Moments

Wenn wir erkennen können, dass jeder Moment von Vollkommenheit erfüllt ist, wächst unser innerer Frieden. Die Vollkommenheit des Moments liegt darin, dass zu jeder Zeit eine für uns oft nicht sichtbare Ordnung wirkt. Diese Ordnung ist auch vorhanden, wenn wir uns z.B. mit dem Auto verfahren haben. Der „falsche" Weg wurde von uns, wenn auch nicht mit dem Willen, gewählt. Denn wir sind eindeutig der Fahrer und nicht das Auto. Ganz gleich ob wir den Sinn oder die Ursache unseres Handelns erkennen, der von unserer inneren und nicht offenbaren Führung gewählte Weg ist vielleicht ärgerlich, aber dennoch in Ordnung und kostet uns lediglich Zeit. Aller Wahrscheinlichkeit nach haben sie z.B. mit nur einem Gedanken gedacht, dass sie ja eigentlich gar keine Lust haben dort hin zu fahren. Das genügt schon um unbewusst einen anderen Weg zu wählen.

Außerdem ist dieser Weg nur anders und nicht falsch, denn wir können nie zu 100% wissen, ob der „richtige" Weg auch wirklich der richtige gewesen wäre. Ein Unfall auf dem „richtigen" Weg, von dem wir vielleicht nie erfahren, hätte uns vielleicht das Leben gekostet. Und so führt uns der sogenannte „Zu-fall" auf einen anderen Weg, der aufgrund der Ordnung der Mitte für uns der bessere ist. Alles ist, wie es ist, und so ist es gut. Bedingt durch den, z.B. beim Autofahren herrschenden, Alpha-Zustand kommen wir gut in Kontakt mit der inneren Mitte, und sind somit mit allem latent verknüpft.

Jeder Moment ist eigentlich rund und schwingt harmonisch im wogenden Meer des Wandels. Es liegt an uns ob wir uns wehren oder mitschwingen, ob wir uns von den Umständen bezwingen lassen, oder wie die Umstände bezwingen.

Der Friede beginnt dort, wo der Ehrgeiz endet. *Englisches Sprichwort*

Auflösen von alten Glaubenssätzen

Wenn sie trotz alledem nicht richtig mit ihrem inneren Frieden in Kontakt kommen ist es wahrscheinlich, dass sie an alte Dinge glauben, die sie daran hindern. Diese Glaubenssätze können z.b. lauten „ich muß immer alles unter Kontrolle haben..." oder „ich habe perfekt zu funktionieren und kann mir Ruhepausen nicht erlauben." In Indien werden die kleinen Elefanten an einen kleinen Baumstamm festgebunden. Wenn diese erwachsen und sehr stark sind, reicht dieser kleine Baumstamm immer noch aus, denn die Elefanten haben ja gelernt, dass sie sich davon nicht losreißen können! Diese Glaubenssätze hatten also in ihrer Vergangenheit eine gewisse Berechtigung, aber heute wahrscheinlich nicht mehr.

Sie lösen diese Bindungen auf, indem sie sich fragen, ob sie zu 100% wissen können, dass es richtig ist, so zu denken (und zu handeln). Aber sie können nie zu 100% wissen, ob es richtig für sie ist oder war, denn sie wissen nicht wie es in Wahrheit anders gewesen wäre. Dann fragen sie sich, wie sie sich ohne diesen einengenden Glaubenssatz fühlen würden. Schließlich können sie zur Erkenntnis ihrer hindernden Glaubenssätze mit diesen experimentieren. Achten sie darauf, dass sie wirklich sehr ehrlich zu sich selbst sind. Aus dem Satz „ich habe perfekt zu funktionieren und kann mir Ruhepausen nicht erlauben", konstruieren sie z.B. einfach „Ich erwarte immer, dass andere perfekt funktionieren und erlaube ihnen ungern Ruhepausen". Oder „andere erwarten immer, dass ich perfekt funktioniere." Dann fragen sie sich wieder, ob dies wirklich stimmt. Denn meist stimmt es nicht, und nur wir selbst stellen diesen Anspruch wirklich an uns in diesem Umfang.

Sehr wichtig ist es auch, die Gefühle wahrzunehmen welche ab und zu, oftmals auch unscheinbar, aus der Tiefe auftauchen. Diese führen uns an Erlebnisse aus der Vergangenheit in welcher diese Blockaden entstanden sind.

Ein Beispiel: vor ein paar Jahren dachte ich daran mir einen schicken Wagen zu kaufen. Plötzlich bekam ich Angst und wusste nicht wovor. Es war einfach ein schlechtes Gefühl, dass plötzlich aufkam bei dem Gedanken diesen Wagen zu besitzen. Als ich darüber nachdachte, entdeckte ich ein tief sitzendes Schuldgefühl das sagte: „Du darfst den teuren Wagen nicht besitzen". Auch kam mir in den Sinn, dass mein Vater einen solchen Wagen immer wollte, sich ihn aber nie kaufte.

Diese alte Grenze zu überschreiten, war von mir mit Angst belegt. Wie töricht. Ich dachte nach, und konnte mir dann gut vorstellen, dass mein Vater viel Freude daran hätte, wenn ich den Wagen besäße.

So machte ich aus der Not eine Tugend, zumindest was diesen Wunsch anging. Doch die eigentliche Blockade saß noch eine Schicht tiefer. Ich erinnerte mich, dass ich meinem Vater als Kind von meinen großen Träumen und Wünschen erzählte. Seine Skepsis und sein Glaube an eine kleine und begrenzte Welt, machten diese zunichte und ich lernte, dass all diese Dinge anscheinend nicht zu haben sind. Welch ein Irrtum, denn alles ist möglich, dem der da glaubt.

Wenn sie sich selbst gegenüber aufmerksam genug sind, vermeiden sie es auch, dass neue Glaubenssätze ihre Zukunft blockieren.

Denn sie allein entscheiden, wie sie die Geschehnisse in ihrem Leben wahrnehmen und interpretieren. Lösen sie

sich dabei bitte von den Klischees und „Traditionen"
unserer Gesellschaft. Entwickeln sie ihre eigene Sicht der
Dinge.
„Nimm es als Freud und es wird Dir zur Freud, nimm es
als Leid und es wird dir zum Leid." Sagt ein indisches
Sprichwort. Somit sehen wir, dass wir durch unser Urteil
die Dinge als schwer oder als leicht beurteilen und somit
gestalten wir unser Leben schwer oder leicht.

Jeder muß seinen Frieden in sich selber finden, und
soll der Friede echt sein, darf er nicht von äußeren
Umständen beeinflußt werden. *Mahatma Gandhi*

Auflösen von alten Ängsten

Was nützt ihnen der schönste Frieden, wenn sie immer wieder von alten Ängsten eingeholt werden?
Das Auflösen bzw. Loslassen alter Ängste ist ebenfalls eine tragende Säule des inneren Friedens.
Ich nenne ihnen ein Beispiel. Beim Frisör fühlte ich mich immer sehr unwohl. Wenn die Friseurin mich ansprach, wurde ich knallrot und sehr verlegen, und das mit 26 Jahren. Bei jedem Frisör ging mir das so und deswegen hasste ich es zum Frisör zu gehen, konnte mir aber nicht erklären warum dies so war.
Eines Tages nahm ich mir vor, diese Sache zu klären und aufzulösen. Ich nahm mir etwas Zeit und machte es mir auf meinem Sofa gemütlich, um über alle Erlebnisse, die ich zum Thema Frisör erlebt hatte, nachzudenken.
Schließlich stieß ich auf ein paar Erlebnisse in meiner Kindheit. Meine Mutter brachte mich immer zum Frisör und holte mich später wieder ab. Eines Tages hörte ich zwei Friseusen hinter meinem Rücken tuscheln: „Guck Dir den Bub an, jetzt ist er schon so groß und lässt sich noch fahren."
Das hat mir damals mächtig gestunken und war mir sehr peinlich. Sogleich überredete ich meine Mutter doch mal einen anderen Frisör „auszuprobieren", weil ich das ganze persönlich nahm und den Damen nicht mehr begegnen wollte.
Unbewusst habe ich über viele Jahre weiterhin beim Frisör so reagiert, wie wenn ich es eben erst erlebt hätte, denn ich hatte es nicht in Frieden losgelassen.
Als mir dies klar wurde, spürte ich sofort, dass dieses damalige Erlebnis der genaueren Betrachtung bedurfte. Ich habe mir die Situation wieder ins Gedächtnis gerufen und

wie in einem geistigen Schauspiel mit allen Beteiligten durch einen inneren Dialog Frieden geschaffen. Danach ging ich gleich stolz zu meinem Frisör, um auszuprobieren ob es funktioniert hat. Es war ein deutlicher Fortschritt spürbar, denn ich war viel sicherer und ruhiger als jemals zuvor. Die weiteren Male steigerte sich dies, bis zu einem späteren Besuch bei dem mir klar wurde, dass das alles schon Vergangenheit ist. Seitdem fühle ich mich pudelwohl beim Frisör.

Dies ist nur ein einfaches Beispiel für eine alte und nicht losgelassene Angst. Als mir klar wurde, wie die Ängste mein Erleben und Verhalten prägen, stellte ich fest dass es leider nicht die einzige alte Angst war die ich unbemerkt festgehalten hatte.

Wenn sie einen Computer besitzen, haben sie eventuell schon mal die Festplatte komplett formatiert. Und warum? Weil sie zu viele Programme in ihren Computer eingespielt haben. Jedes der Programme hinterlässt beim Löschen irgendwelche Dateien als Reste. Irgendwann ist der Computer dann in seiner Leistung sehr beeinträchtigt, da er belegt ist mit nicht mehr benötigten Dateien. Sie formatieren dann die Festplatte neu und spielen nur noch die Programme darauf, die sie wirklich momentan benötigen. Wenn man dies auch so konsequent und einfach mit seiner Psyche machen könnte, wären keine alten „Programme" mehr in uns, die uns unbewusst beeinflussen können.

Die Verantwortung

Sie tragen für ihr Leben die Verantwortung, und zwar nicht nur im juristischen Sinne. Ihr innerer Frieden wird ebenfalls wachsen, wenn sie erkennen und spüren, dass sie selbst die Gestaltung ihres Lebens von Grund auf in ihren eigenen Händen haben. Weder das Schicksal, noch das Pech, noch irgend etwas im Außen kann ihren Weg beeinflussen, wenn sie nicht dazu in Ihrem Inneren die passende Einstellung besitzen. Dort, wo sie jetzt (seelisch, beruflich, familiär, örtlich...) sind, kamen sie nur hin, weil ihre inneren Einstellungen dies möglich gemacht haben. Diese gelebte Erkenntnis gibt ihnen die Macht über ihr Leben und die eigentliche Sicherheit in ihrem Leben. Ihr äußeres Leben spiegelt ihre innere Welt millimetergenau wieder. Dies alles klingt vielleicht sehr abstrakt und gewöhnungsbedürftig. Sofern sie aber die Vollkommenheit des Moments spüren, werden sie zukünftig feststellen können, dass alles, was sich in dieser Vollkommenheit des Moments zeigt auf ein Lebensthema bzw. eine Aufgabe hinweist.

Wenn sie ehrlich und konsequent mit diesen Hinweisen (z.b. Träume, innere Bilder, Begegnungen, Dialoge, Krankheiten bzw. deren Symptome...) umgehen, diese aufmerksam aufgreifen und regelrecht sammeln wie die Teile eines Puzzles, dann werden sie am Ende die Chance haben, dem vollständigen Bild dem momentanen Themas ihres Unterbewusstsein zu begegnen und dieses eventuell aufzulösen.

tief der Ursache nachgehen werden sie feststellen, dass letztendlich sie selbst es waren, wenn auch oft unbewußt. Alle Dinge sind in ihrer eigentlichen Natur neutral. Erst unsere Interpretation dieser gebärt Freude oder Angst daraus. Eine kleine wundervolle Geschichte kann dies verdeutlichen:

Ein Bauer hatte lange gespart um sich ein Pferd zu kaufen welches ihm die Arbeit erleichtern sollte. Die Nachbarn beglückwünschten ihn und freuten sich über das stolze Tier.

Er sagte: „Mal sehen."

Ein paar Tage später verschwand das Pferd durch ein Loch im Zaun.

Die Nachbarn kamen und bedauerten den Bauer um den Verlust des Pferdes.

Der Bauer sagte: „Mal sehen." Am nächsten Tage kommt das Pferd auf den Hof mit zwei anderen Pferden zurück.

Die Nachbarn des Dorfes beglückwünschen ihn zu seinem großen Glück.

Der Bauer sagte: „Mal sehen."

Der Sohn des Bauern versuchte die neuen Pferde einzureiten und stürzte. Dabei bricht er sich ein Bein. Die Nachbarn sagten „Was für ein Unglück!"

Der Bauer meinte nur: „Mal sehen"

Die Soldaten des Königs kamen zwei Tage später ins Dorf und zogen alle gesunden jungen Männer ein zum Krieg.

Die Verantwortung für andere tragen sie nur, wenn diese sie selbst nicht tragen können, z.B. bei ihren minderjährigen Kindern. Und doch versuchen viele Menschen die Verantwortung für andere Erwachsene zu tragen, was zwangsläufig zu Übergriffen und damit zu Unfrieden führt. Eine klare Grenze zu ziehen, welches Problem zu wem gehört, ist nicht egoistisch, sondern gesund. Denn, so lange sie für andere nicht die Entscheidungen treffen können und dürfen, leiden sie unter dem „Handeln wollen, aber nicht können" und das kostet sie eine Menge Energie und inneren Frieden. Schließlich können sie anderen am besten helfen, wenn sie nicht leiden, sondern vor Lebensfreude geradezu sprühen, denn sie schöpfen dann aus dem Vollen. Sollten sie denken, dass sie viel auf sich nehmen müssen, um von anderen das Lob zu bekommen welches sie seit Ihren Kindertagen vermissten, dann irren sie sich. Tun sie die Dinge, die ihnen am Herzen liegen für sich selbst, ohne dass sie einen Moment an das Ernten von Lob denken. Wenn es dann plötzlich kommt, freut es sie umso mehr. Hierzu noch eine kurze Geschichte eines Bekannten: Mit 10 Jahren war ich ein hoch aufgeschossener dünner Junge mit langen Beinen. Ich hatte den Eindruck, dass meine Beine viel zu lang und dünn und meine Knie zu dick waren. Ich lag im Wohnzimmer auf dem Teppich. Mein Vater kam herein, schaute mich wohlgefällig an und sagte: „Junge, was hast du für kräftige Beine!" Seitdem weiß ich, dass ich kräftige und schöne Beine habe.

Das Verzeihen

Wenn sie manchen Menschen nicht verziehen haben, ist es wie ein inneres Feuer, das auf kleiner Flamme brennt und bei genügend neuem „Brennstoff" auflodert bis hin zu einem Steppenbrand. Wenn sie mit ihrer Vergangenheit nicht im Frieden leben, können sie das auch nicht in der Gegenwart.

Als Beispiel nehme ich nun die Eltern. Wenn sie ihnen innerlich vorwerfen, z.B. dass diese sie sehr oft alleine gelassen haben, nützt dies weder ihren Eltern noch ihnen etwas. Oftmals ist es sogar noch so, dass man das Gefühl hat alleine gelassen worden zu sein, aber es ist einem nicht bewusst und so antwortet man dann auf die Frage, ob man mit seinen Eltern im Reinen lebt, ein klares JA, obwohl es nicht stimmt. „Aber was soll ich denn machen, das Gefühl ist eben nun mal da!" könnte ein passender Einwand nun sein. Richtig, das Gefühl ist da, aber wie sie es bewerten ist eine andere Sache. Ihre Eltern haben ihnen 100% ihrer Liebe gegeben, so wie sie 100% ihrer Liebe vielleicht weitergeben werden. Und ihre Eltern konnten ebenso wie sie, nicht mehr geben als sie einst bekommen hatten. Sie werden auch nur das weitergeben können, was sie bekommen haben. Ist es da nicht angebracht ihren Eltern zu verzeihen? Dass sie ihnen einen Vorwurf machen, und sei er noch so gering, ist immer wie eine kleine Mauer zwischen ihnen und ändert nichts ins Positive im Gegenteil.

Die Real erlebte Vergangenheit lässt sich im Nachhinein nicht mehr ändern. Alles ist wie es ist, und es war wie es war. Aber in der Gegenwart können sie für Jede Ihrer Beziehungen Verantwortung übernehmen und sie bewusst gestalten. Das betrifft auch ihre Sicht der Vergangenheit.

So können sie sich wie im folgenden Beispiel die positiven Aspekte des in der Vergangenheit erlebten bewusst und nutzbar machen. Damit wandeln sie die Not in eine Tugend.

Ich selbst wurde z.B. oft alleine gelassen und es gab Zeiten, da habe ich meinen Eltern dies innerlich vorgeworfen, bis ich merkte, dass ich mir selbst damit schadete. Heute sehe ich auch die andere Seite. Während des Alleinseins entdeckte ich viele Seiten an mir, die ich sonst nicht kennen gelernt hätte. Langeweile kannte ich nicht. Dadurch konnte ich zunehmend unabhängig von anderen meine Ideen und Pläne verwirklichen.

Auch wurde es mir dadurch möglich, Zugang zu meiner inneren Welt zu finden. Sie ist mir seitdem eine unschätzbare Quelle der Inspiration. Können sie sich noch daran erinnern, dass ihnen jemand etwas aus ganzem Herzen verziehen hat? Es ging ihnen sicherlich sehr gut dabei und hat die Beziehung zu dieser Person bereinigt und vertieft. Machen sie das Gleiche.

Das Akzeptieren

Der Friede kommt, wenn sie die Dinge akzeptieren, die sie nicht ändern können. Wer sich darüber beklagt, dass das Wetter trübe ist oder die Politik an allem Schuld ist, gibt die Verantwortung für sein Leben an andere ab. Wer diese Dinge jedoch akzeptiert, verändert seine Einstellung konstruktiv, denn er wandelt den Feind zum Freund und somit die Energie des inneren Widerstandes in die Energie des Wandels. Wer mit dem Wetter streitet, verliert. Auch dieses trübe Wetter hat seinen Sinn für sie, auch wenn sie ihn nicht erkennen. Man denke an ein Spiel, entweder man akzeptiert die Regeln oder man läßt das Spiel sein. Wenn wir uns innerlich gegen das „Spiel-Leben" auflehnen, am liebsten sogar gerne weglaufen würden, oder uns nach einem anderen Ort sehnen würden, fühlen wir uns kraftlos, bedrückt, unzufrieden und vielleicht sogar krank. Wenn wir uns jedoch bewußt für das Spiel entscheiden und uns voller Einsatz und Aufmerksamkeit darauf einstellen, dieses Spiel eben so zu spielen, als ob unser Leben davon abhinge, dann fühlen wir uns erfüllt und im Fluß. Erst die volle und vorbehaltlose Beteiligung am momentanen Tun und Erleben läßt uns im Leben erfüllt und zufrieden sein, denn die letzten werden die ersten sein.

Gott gebe mir die Gelassenheit, Dinge hinzunehmen, die ich nicht ändern kann, den Mut, Dinge zu ändern, die ich ändern kann und die Weisheit, das eine vom anderen zu unterscheiden. *Friedrich Christoph Oetinger (1702 - 1782)*

Die Gegenwart

Der innere Frieden war nicht damals vor langer Zeit oder als die Zeiten noch „besser" waren und er kommt auch nicht erst, wenn dieses oder jenes in der Zukunft passiert. Der tiefe Frieden ist jederzeit gegenwärtig. Er erfüllt uns und hüllt uns ein, wenn wir ihn erkennen und uns ihm öffnen. Die Gegenwart ist die Mitte aus Vergangenheit und Zukunft und in der Mitte sind immer beide Seiten, also alles enthalten. Somit ist die Gegenwart immer der unsterbliche Bruder des Friedens – Unabhängig vom äußeren Geschehen. Das ausschließlich und aufmerksam in der Gegenwart zu leben, bedeutet auch zugleich ein tiefes Loslassen der Bindungen an die mitgeschleppten Grenzen aus der Vergangenheit, sowie der Wünsche und Erwartungen an die Zukunft. Ein aufmerksames und gefühlsneutrales Verweilen im Jetzt heißt Frieden, Meditation (Medi=Mitte), Religion, ZEN, u.v.a. zugleich. Auch gibt ihnen die Gegenwart immer die Gelegenheit zur Veranschaulichung ihres Seins. Denn, wenn ich Sie frage wer sie sind, dann antworten sie mir mit Sicherheit:" nun, ich bin XX Jahre alt, von Beruf dieses, und habe jenes..." Ich frage aber nicht nach Ihrer Vergangenheit, sondern nach dem, was sie jetzt gerade sind. Und sie sind in diesem Moment nicht mehr oder weniger als die Summe Ihrer Glaubenssätze bezüglich der Frage, wer sie sind. Wenn sie also seit ihrer Kindheit den Glaubenssatz „ich darf das nicht, weil..." mit sich herumtragen, ist das ein in der Vergangenheit erzeugter Glaube, der ihre Vergangenheit, ihre Gegenwart und eventuell auch noch ihre Zukunft in seiner jeweiligen Weise prägen kann – außer sie trennen sich davon. Wer loslassen kann ist Herr seiner selbst. Wer dies nicht tut, ist Sklave von dem, was er festhält, egal ob es sich dabei um Glaubenssätze,

Wünsche, Hoffnungen oder anderes handelt. Die Gegenwart kann ihnen wie ein Buchhalter ihre aktuelle Bilanz ihrer Glaubenssätze aufzeigen. Sie hilft ihnen gewahr zu sein, wer sie eigentlich sind.

Loslassen

Jedes zwanghafte Hoffen, jedes Wünschen voller Sehnsucht und jedes permanente Wiederholen und festhalten dessen, sind Symptome der Angst und folglich des Unfriedens. Die Liebe hingegen, als Gegenteil der Angst, läßt vertrauensvoll los. Denn Loslassen bedeutet nicht, dass sie etwas unkontrolliert geschehen lassen, sie wandeln die Kontrolle des Verstandes in das Vertrauen des Herzens. Wenn sie ihr Kind morgens zur Schule schicken und voller Vertrauen sind, dass es dort heil ankommt, so wird dies in der Regel so sein. Denken sie jedoch an alles mögliche Unheil, das dem Kind zustoßen könnte, so erhöht sich drastisch die Wahrscheinlichkeit, dass ihre Befürchtung eintrifft, schon alleine deswegen, weil ihr Kind ihr Mißtrauen spürt und dadurch verunsichert diesen Weg geht. Wenn sie auf jemanden vor dem Zeitpunkt ihrer Verabredung hoffnungsvoll warten, tragen sie bestens dazu bei, dass dieser sehr wahrscheinlich zu spät kommt. Die sonst frei fließende Energie wird durch ihre starke Erwartungshaltung blockiert und Dinge passieren die uns alle auf unseren Wegen aufhalten können.

Stellen sie sich vor, sie arbeiten etwas und ihr Chef steht seit Stunden neben ihnen und schaut erwartungsvoll dabei zu. Ich bin mir sehr sicher, dass diese Arbeit ihnen misslingen oder zumindest weit unter ihrem normalen Niveau liegen wird.

Das interessante bei dem Phänomen des Loslassens ist, dass sie immer dann am meisten loslassen sollen, wenn es am schwersten für sie scheint. So lesen sie beispielsweise kurz vor der Pleite ihres mühsam aufgebauten Unternehmens lesen sie, dass sie ihre Schulden und ihr Mangelbewußtsein loslassen sollen. Dieses Spagat scheint den meisten unmöglich, und doch ist dies gerade der einzige Weg. Denn das Symptom der Schulden ist ein Zeichen Ihrer Seele, dass sie aufgerufen sind ihr Bewusstsein zu ändern und dass sie das auch können. Wie die Waagschalen einer Waage liegen auf der rechten Seite ihre Schulden und auf der linken Seite die Aufforderung endlich dieses Mangelbewußtsein aufzugeben und sich statt dessen mit freudigem Herzen an positiven Menschen pragmatisch zu orientieren. Lassen sie ihre Sorgen, alle Wünsche, Hoffnungen, Visionen u.v.m. im dem Vertrauen los, dass diese bereits zu ihrem Wohle geschehen sind und nur noch etwas Zeit brauchen, bis sie die Ergebnisse wahrhaftig sehen.

Nehmen sie sich einmal die Zeit, um sich folgendes vorzustellen:
Sie finden in einer bisher unentdeckten Höhle eine alte Schriftrolle. Auf dieser Schriftrolle können sie in sehr alter Schrift einen Zauberspruch entziffern. Nachdem sie diesen ausgesprochen haben, sind sie für einige Zeit ein unsichtbarer Geist. Davon begeistert, schweben sie aus der Höhle hinaus zu ihrer bekannten Umgebung. Ihre Familie ist in ihr tägliches Geschehen eingebunden und sie können dies ganz leicht und frei beobachten. Nachdem sie feststellen, dass dort alles wunderbar funktioniert, schweben sie an ihren Arbeitsplatz. Wie durch eine Fügung gelenkt, funktioniert dort alles reibungslos und erfolgreich. Sie können in aller Gelassenheit und Leichtigkeit zuschauen, wie alles zu ihrer vollsten Zufriedenheit geschieht. Sie haben momentan keinerlei Verpflichtungen und nichts was sie tun oder sein müssten. Zufrieden und erfüllt von dieser beglückenden Leichtigkeit lassen sie sich einfach mit dem Wind durch die Gegenden treiben die ihnen schon immer gefallen haben. In einer

Sekunde sind sie am geliebten Urlaubsort, in der nächsten Sekunde auf der anderen Seite der Erde, um dort dem Geschehen des Lebens zuzuschauen.

Genießen sie die Leichtigkeit des Seins und die Fülle der Möglichkeiten. Wenn sie diese Reisen mehrmals unternehmen erweitern sie ihren Horizont, denn sie lassen alte Grenzen los.

Rückfälle

Stellen Sie zu Beginn Ihres neuen Lebens im inneren Frieden nicht allzu unmenschliche Anforderungen an sich selbst. Es ist ganz normal, wenn sich die alten Ängste nochmals melden (vielleicht ein letztes Mal, um sich zu verabschieden?) oder die alte Unruhe sie nochmals ergreift. Das wichtige ist, dass sie sich davon nicht beirren lassen und ihrem neuen Kurs treu bleiben. Identifizieren sie sich mit dem was sie zukünftig sein wollen, so können sie es auch werden. In Situationen des Rückfalls versuche ich immer, den Geschmack des Friedens zu schmecken, und mich an die Geborgenheit, die er gibt, zu erinnern.

Im Frieden bleiben

Wie eine Schaukel von Wind aus der ruhenden Mitte
bewegt wird, so neigen auch wir in der Unruhe des Alltags
und in der Fülle der auf uns einströmenden Sinnesreize
dazu, unsere ruhende Mitte zu verlassen.

Die Herausforderung besteht darin, die Schaukel in der
Mitte zu halten, anstatt ihren Schwung zur ienen oder zur
anderen Seite (Freude oder Leid) zu verstärken. Je
disziplinierter wir die Aufmerksamkeit auf die Ruhe der
Mitte gerichtet halten, desto besser wird der innere Frieden
genährt.

Wie wir das am besten tun? Im Leben eines jeden
Menschen gab es zumindest einen solchen, wenn auch
kurzen, Moment in dem der Frieden einen ganz erfaßte.
Versuchen sie sich daran zu erinnern und dieses Gefühl zu
halten oder mit ihrer Phantasie gar noch auszubauen.
Sollten sie sich an keinerlei solche Erlebnisse erinnern
können, so nehmen sie sich etwas Zeit, gehen an einen
Ort, an dem sie leichten Zugang zu Ruhe und Freude
finden, und versuchen sich vorzustellen, wie ihr innerer
Frieden aussehen mag. Fangen sie einfach an zu träumen
und seien sie nicht zurückhaltend oder bescheiden mit
ihren Vorstellungen.

Versuchen sie diesen Frieden mit allen Sinnen zu erleben.
Äußere Ruhe, behagliches Ambiente, beruhigende Musik,
Abstand zum Alltag usw...sind dabei sehr hilfreich. Stellen
sie sich ihr Leben dann so vor, wie sie es gerne hätten,
ohne jegliche Einschränkung. Im Gegenteil, stellen sie
sich sogar vor, dass sie mehr erreicht haben, als sie jemals
gedacht hätten.

Den Frieden wachsen lassen

Die Methode wie sie ihren inneren Frieden wachsen lassen bis sie vollkommen davon erfüllt sind, ist die gleiche wie eben genannt. Sie rufen sich so oft wie nur möglich mit Freude dieses Schlüsselerlebnis in ihre Wahrnehmung und spüren, wie wohl sie sich damit fühlen. Je öfter und zwangloser sie das tun, umso mehr wird diese Blume des Friedens wachsen. Eine weitere Methode ist, dass sie sich vorstellen bei jedem Atemzug den Frieden einzuatmen und alle Anspannung auszuatmen. Wenn sie einen tiefen Seufzer ausatmen, dann haben sie zuvor an ein Problem gedacht. In ihrem Bauch sammelt sich die zu dem eben gedachten passende Energie, welche sie dann durch den sogenannten Seufzer ausatmen, um sich der Sorge zu entledigen.

Der Garten Pax

Ihr Leben ist ein Garten. Diesen bekamen sie einst geschenkt. Wie dieser aussieht, liegt in ihrer Verantwortung. In diesem Garten gibt es viele kleine Ecken und Winkel, Beete und Sträucher, Gräser und Bäume, Früchte und Unkraut. Das Bild ihres Gartens ist Ausdruck ihres Geistes. Ist dieser verwahrlost, gepflegt, blühend, verwuchert, kultiviert...dann sind sie es ebenso. Nehmen sie sich wieder etwas Zeit für sich und machen sie sich ein Bild ihres Gartens, wie er jetzt im Moment wohl aussieht. Vorwürfe, die sie sich nun vielleicht machen, helfen ihnen dabei wenig. Sehen sie den Garten einfach neutral und ehrlich, denn Vergangenes ist vergangen. Jetzt beginnen sie ihren Garten neu zu gestalten. Wenn sie keine nützlichen Samenkörner pflanzen, wird eine Menge an Unkraut hervorschießen und den Rest ihrer einstigen Gartenkultur bald überschatten. Seien sie also der den Garten liebende Gärtner und bestimmen, was dort passiert.

Sofern sie dies nicht für sich selbst vermögen, stellen sie sich einfach vor, dass dieser Garten Gott gehört und sie den respektvollen Auftrag haben, diesen so zu pflegen, wie sie es am besten können.

Sie erschließen Raum für neue Aussaat dort, wo sie den Garten vom wuchernden Unkraut befreien. Zu den Unkräutern zählen insbesondere alte Ängste, welche sehr viel Energie binden. Werden diese mit den Wurzeln aus dem Boden gezogen, steht alle Nahrung dessen fortan als Energiequelle für neue Ziele zur Verfügung, wie z.B. ihrem inneren Frieden. Sollten sie es alleine nicht schaffen, die tiefen Wurzeln der alten, seit langem gewachsenen Unkräuter „Angstalis Nervosum" aus ihrem

Boden zu ziehen, so scheuen sie sich nicht, sich dabei helfen zu lassen. Oder glauben sie, all die anderen Gärtner fällen große Bäume ganz alleine?

„An ihren Früchten sollt ihr sie erkennen." Ist ein wichtiges Bibelzitat, welches ihnen viel Selbsterkenntnis bringen kann. Welche Früchte brachten und bringen sie zu Tage? Was sind die Resultate ihres bisherigen Denkens, Glaubens und Tuns? Wie weit entfernt sind diese Früchte von jenen, die sie sich einst vorgenommen haben vom Baum des Lebens zu pflücken?

Die Schöpfung

Wenn wir erkennen, dass wir all unsere Lebensumstände auf die eine oder andere Art aus uns selbst heraus gebären, ist eine weitere wichtige Erkenntnis gewonnen um darin vertrauensvoll den inneren Frieden wachsen zu lassen. Denn sie erkennen, dass die Macht in ihren Händen liegt und nicht in ihrem sogenannten Schicksal, an dem man ja angeblich, dem Volksmund folgend, sowieso nichts ändern kann.

Die Summe ihrer Gedanken ist wie eine Waage, entweder ist die linke oder die rechte Waagschale höher als die andere.
Ist also ihre optimistische Schale diejenige welche mehr Gewicht hat, so ziehen sie aufgrund der Resonanz aller Dinge auch Positives an.
Die Resonanz ist keine Hexerei, sondern Physik, nämlich ganz alltägliche Gravitation und doch uns so latent wirksam, wie kaum etwas anderes.
Unsere Lebensumstände sind Ausdruck unseres inneren Planes – bewußt oder unbewußt. Wir ziehen das im Leben an, was wir sind, weniger das was wir wollen. Unsere Wünsche und Hoffnungen werden nur dann erfüllt, wenn wir im Frieden eins sind mit dem Wunsch und dem noch unbekannten Weg, der dahin führt.

Sind sie der Gärtner, der das Bild des fertigen Gartens in sich hat und sich täglich mit Freude an die Umsetzung dieser Phantasie macht? Falls nicht können sie es bald sein, wenn sie nur wirklich wollen und konsequent handeln.
So achten sie bitte auf ihre Gedanken, vor allem auf die unscheinbaren und stillen, denn diese wähnen sich

unentdeckt und verursachen wie ein nicht gesehenes Unkraut am meisten Schaden. Der Inhalt ihrer Gedanken und die damit verbundenen Gefühle sind von entscheidender Bedeutung. Denn, wenn sie Erdbeeren säen, werden sie Erdbeeren ernten, und wenn sie Disteln säen, werden sie Disteln ernten. Deswegen befinden sie sich jetzt in genau der Situation, zu welcher sie vor einiger Zeit den Samen gesät haben. Gefällt ihnen diese nicht, so erschaffen sie sich neu, konsequent in genau dem Licht, in welchem sie gerne erscheinen wollen. Richten sie ihren Blick konzentriert nach vorne, auf ihre neue Vision von sich selbst und alles, was sie auf ihrem Weg brauchen, wird sich zu ihnen gesellen.

Friedlich wollen

Vor einigen Jahren habe ich einen Wagen verkauft.
Mein Herz hing an ihm und ich wollte, dass er in gute
Hände kommt, denn ich wusste, er würde einmal ein
Klassiker werden. Es riefen mindestens 15 Interessenten
an. Aber an den Stimmen erkannte ich, dass diese
entweder nur Händler waren oder mit dem Wagen
sicherlich nicht in meinem Sinne umgehen würden. Nach
Wochen und mehreren Inseraten gab ich schließlich auf.
Der neue Wagen stand schon da, und der alte mußte weg.
Ich zögerte noch ein paar Tage mit der Entscheidung einen
der bisherigen Interessenten zu kontaktieren. Immer noch
schwebte mir das Bild eines Menschen vor, welcher den
Wagen zu schätzen weiß. Tatsächlich rief wenige Tage
später jemand an, ganz aus der Nähe. Es war genau der
Mensch, den ich als Käufer wollte. Er vertrat genau meine
Ansicht, dass der Wagen einmal ein Klassiker wird.
Zudem zahlte er mir noch mehr, als die anderen geboten
hatten. Also eine perfekte Lösung. „Warum nicht gleich
so?" dachte ich mir damals. Ebenso ging es mir mit einer
Wohnung für die ich einen Nachmieter zu suchen hatte.
Ich hatte eine genaue Vorstellung von der Art des
Nachmieters. Zunächst meldeten sich nur Interessenten,
welche zögerliches Interesse hatten und dann auch später
absagten. Nachdem die letzte Anzeige zwei Wochen zuvor
erschienen war, rief eine Frau an, ob die Wohnung noch zu
haben wäre. Es war genau der Typ Mensch, den ich mir
gewünscht hatte. Sie nahm die Wohnung sofort.
Unsere pragmatischen Bemühungen durch aktives
Handeln haben nur dann einen Sinn, wenn es um einen
direkten materiellen Bezug geht. Also, wenn sie sich heute
vorgenommen haben ihren realen Garten vom Unkraut zu

befreien, dann sollten sie dies auch in pragmatischer Weise sofort tun. Wenn sie jedoch Dinge benötigen die scheinbar „fern" von Ihnen sind, wie z.B. ein neuer Job oder die eben genannten Beispiele, dann reicht es wenn sie einen Impuls in die Welt setzen, wie z.B. durch eine Anzeige. Dieser Impuls sollte am besten mit freudigen Emotionen kurz „aufgeladen" werden. Alles andere erledigt sich dann fast wie von selbst, aber erst, wenn sie es wirklich losgelassen haben.

Selbsttreue

Der innere Frieden gedeiht am besten auf dem Boden von Selbsttreue und Authentizität. Nichtauthentisches Handeln wirkt nicht nur hohl und unglaubwürdig, sondern ist nicht im Einklang von Körper Geist und Seele und somit auch lange nicht so erfolgreich. Für einen nachhaltigen inneren Frieden ist es daher wichtig, die Rufe ihres Herzens real zu gestalten. Ansonsten stellt sich allzu leicht eine permanente Unzufriedenheit ein.
Ein friedlicher Egoismus zur Durchsetzung ihres wirklichen Lebens ist absolut in Ordnung, solange sie niemanden damit ernsthaft schaden.

Machen sie unbeschönigt eine Bilanz, wer und wie sie eigentlich wirklich sind, und stellen sie fest wie sehr sie dieses Bild von sich bereits leben. Auch hier sind Selbstvorwürfe und Beschuldigungen anderer nicht hilfreich, jedoch können sie diese auftauchenden Symptome nutzen, um Einsichten über sich selbst zu gewinnen. Schließlich kommt nur die Themen zu Tage, mit welchen wir in Resonanz stehen. Am besten lassen sie die Vergangenheit ruhen und fangen heute neu an.

Leben sie dann in eine Zeit lang authentisch, so werfen sie einiges an unnötigen Ballast ab, den sie täglich mit sich herumschleppen. Die vielen Dinge, die man täglich wie mechanisch und nicht von innen heraus tut, fallen wie schwere Steine aus dem Rucksack. Auf diese Entlastung hin, folgt ein Gefühl von großer Befreiung.
Ein guter Teil ihrer Lebensenergie wird dann endlich in ihre natürliche Richtung gelenkt und auf ihre wahres Leben konzentriert statt sich ständig zu zerstreuen.

Ordnungen schaffen

Alles hat seine Ordnung, auch das Chaos. Nur verstehen wir diese Ordnung des Chaos nicht, da
Unser begrenzter Verstand das Wesen des Chaos nicht erfassen kann. Das Unfassbare ist oft die Quelle für Ängste uns Unsicherheit. Es entzieht sich der Kontrolle und daher vermeiden viele Menschen die Auseinandersetzung mit dem Chaos.

Nun stellt sich die Frage welche Art von Ordnung sie in ihrem täglichen Leben verwirklichen:
Leben sie die ihrem Wesen gemäße Ordnung, oder herrscht bei ihnen die Ordnung des Chaos?
Das Nicht Annehmen bzw. der Widerstand gegen die chaotische Ordnung verbraucht nicht nur unnötig Energie, sondern ruft geradezu diesen Zustand hervor. Die nach unseren traditionellen Maßstäben unseres Verstandes orientierte Ordnung hingegen, ist wie ein Versuch, die Herrschaft über das sogenannte Chaos zu gewinnen.

Selbst ein Künstler, dem ja gerne eine chaotische Ordnung nachgesagt wird, lebt nach meiner Erfahrung nicht ausschließlich im Chaos. Denn der Teil in ihm, welcher die Verbindung zur Quelle der Kunst und der Inspiration herstellt, sieht an dieser Quelle klare Strukturen, Symmetrie und millimetergenaue Ordnungen, die ihm in der Begegnung mit dem Chaos und der unendlichen Fülle als ihm wesensgemäße Strukturen entgegen treten.

Auch wenn es manchem Wesen widerstrebt, klar strukturierte Ordnungen herzustellen, wird es doch den Alltag sehr erleichtern und kann Frieden bringen. Man bekommt nicht nur einen schnellen Zugriff auf die Dinge, sondern zudem das Gefühl der Kontrolle über die Strukturen, mit welchen man tagtäglich zu tun hat. So kann die das Gefühl verringern, dass die Umstände die Übermacht besitzen. Der wahrhaftige innere Frieden erlaubt es, sowohl das sich ständig neu formende Chaos, als auch scheinbar unveränderliche Strukturen, gelassen als Teile des Ganzen zu betrachten.

Die Chancen

Erkennen sie eigentlich die Chancen, welche die Menschen in den Industrienationen täglich haben? Selbst wenn sie heute von der Sozialhilfe leben und krank sind, haben sie jederzeit goldene Chancen, die ihnen zu Füssen liegen um aus ihrem Leben das zu machen, was sie wollen. Diese Chancen haben viele Menschen auf dieser Welt nicht. Wir sind auf einem sehr hohen Niveau unzufrieden und sehen selten all die Möglichkeiten, die uns täglich geboten werden. Als ich als Kind Menschen sah, die blind oder im Rollstuhl waren, erschrak ich zunächst sehr. Später dachte ich mir, falls mir so etwas mal passieren würde, gäbe es trotzdem Möglichkeiten das Leben freudig zu gestalten.

Jeder Mensch kann sehr viel im Leben erreichen, wenn seine Motivation groß genug ist. Natürlich muss er etwas dafür tun, am besten das, was ihm Freude bereitet. Machen sie also ihr Hobby zum Beruf – ohne Wenn und Aber. Dann wird ihnen nicht die monatlich Lohnzahlung etwas bedeuten sondern jede Minute, in der sie „arbeiten".

Ein erfolgreicher Unternehmer mit sehr vielen Angestellten erzählte mir einmal, was seinen Erfolg ausmache: er stehe jeden Morgen gerne sehr früh auf ‚mit dem Gefühl „an seiner Eisenbahn spielen zu dürfen". Sein Beruf und seine Firma waren seine Berufung, also eine Kombination aus Talent, Spaß und Kommerz.

Krankheit

Jede Krankheit ist eine Ansammlung von Energie.
Wird die Energie in diesem Punkt ihres Körpers sehr
konzentriert, zeigen sich die Manifestationen als
Symptome. Jedes Körperteil hat dabei eine entsprechende
seelische Bedeutung. Sie sammeln diese Energie an
diesem Punkt ihres Körpers, weil sie an bestimmten
Dingen (Gedanken, Überzeugungen, Leid, Angst,
Visionen...usw.) festhalten. Krankheit ist der harte und
schmerzliche Weg um die Dinge wieder loszulassen.

Doch wenn die vielfältigen Waagschalen ihres Lebens sich
friedlich in der Mitte eingependelt haben, wird auch die
leidvolle Sprache ihres Körpers verstummen und die
Wahrnehmung des inneren Friedens damit nicht mehr
ausblenden. Denn ihr Leben ist im friedvollen
Gleichgewicht und nichts Verdrängtes muss mehr über
den Körper ans Tageslicht gebracht werden um geheilt zu
werden.
Sie befinden sich in der Mitte und benötigen keine Medi-
zin (Medi= Mitte) um dorthin zu gelangen. Die
Kompensation hat ein Ende gefunden und das Erfahren der
Dualität verringert sich um ein gutes Stück..
Der Mensch erlebt somit immer mehr den Zustand
friedvoller Gelassenheit und je häufiger er in diesem
Bewusstsein lebt, desto leichter findet er auch bei
kurzfristigen Schauern der Tränen des Leides schneller
wieder zu seiner friedvollen und gesunden Mitte zurück.

Zur Quelle werden

Der Mikroprozessor ihres Computers ist ein Wunderwerk. Er erschafft ihnen mit ihrem Computer unglaubliche Möglichkeiten und vielfältigste Anwendungen. Dieses kleine Stück Technik verändert die Welt. Doch nur an seinem ganz eigenen Platz, auf der Platine ihres Computers, kann er wahre Wunder vollbringen. An anderen Orten wäre er absolut nutzlos und überflüssig.

Doch dieser Prozessor ist nur ein winziges Bruchteil unseres Gehirnes und unserer Fähigkeiten. Wie viel mehr können wir vollbringen!

Wenn dies der Fall ist werden sie zu einer wunderbaren Quelle des Lebens. Ebenfalls wie der Prozessor vollbringen sie Wunder, ganz mühelos und freudig aus ihrer Mitte heraus. Um das zu tun hören sie sorgfältig in ihr Herz und erforschen, für welche Dinge es wirklich höher schlägt. Dann schreiben sie diese Dinge auf. Ebenfalls ihre Talente oder die Dinge die sie sonst noch gut können. Nun haben sie ein Profil ihrer wahren Berufung. Die Kombination aus all diesen Fähigkeiten ist ihre Berufung. Egal was dort als Summe steht, es gibt immer einen Bedarf dafür. Wenn es diesen Beruf bisher nicht gab, dann erschaffen sie ihn.
Denken sie an den Prozessor. Dieser kann nur an einem einzigen Platz in diesem Universum seine Wunder vollbringen, ansonsten ist er absolut unnütz.

Üben sie nun ihren neuen Beruf aus, so machen sie nichts anderes als Spaß zu haben und endlich das zu tun was ihr Herz eigentlich schon lange tun wollte.

Sie arbeiten und geben dabei freudig aus ihrer Mitte und vergessen Zeit und Raum. Plötzlich haben sie so viel Energie wie nie zuvor und ihre Sorgen werden wie durch einen reißenden Fluss weggespült. Sie tun das wofür sie die Gaben einst bekommen haben und das ist ihr Auftrag für Ihr Leben.

Wenn sie sich dann in diesem idealen Zustand befinden, spüren sie wahres und tiefes Glück.
Am Ende eines jeden Tages sind sie erfüllt von einer wohligen Erschöpftheit und sie schlafen in einem tiefen Frieden ein. Sie werden nicht mehr an Urlaub oder den Feierabend denken, denn sie sind immer mittendrin. Sie haben ihre Liebe bzw. ihre Hobbys zum Beruf gemacht.

Die Freiheit spüren

Manche wenige Menschen sind in einer Gefängniszelle freier, als viele die außerhalb der Mauern leben.
Viele sehen sich gefangen in mannigfachen Fesseln.
Sei es die Vergangenheit, die Sorge um die Zukunft, oder die widrigen Umstände der Gegenwart, irgend etwas findet man immer als äußeren Ausdruck eines inneren Glaubens an das gefangen Sein. Eines meiner Symptome waren lähmende Kopfschmerzen, die stets schnell vergingen als mit klar wurde, dass ich ja eigentlich frei bin.
Mein Glaube an selbst erschaffene Grenzen machte mich damals traurig und aggressiv gegen mich selbst. Dabei existierten die Grenzen nur in meinem Kopf. Daher kamen auch die Schmerzen. Es gibt eigentlich keine Grenzen und keine Gefangenschaft, außer wir akzeptieren und leben solche.
Wenn uns unsere Freiheit innerlich wirklich bewusst wird, überkommt uns ein wunderbares Gefühl des tiefen inneren Friedens.

Solange sie täglich gegen viele Dinge kämpfen, stemmen sich diese gegen sie. Doch Druck erzeugt Gegendruck. Nehmen Sie diese an, so dass es nun mal so ist, wie es ist. Schließlich sind diese Symptome einst von ihnen selbst geschaffen und gerufen worden.
Auch gibt es keine äußeren Bedingungen zu verändern damit sie frei sind. Setzen Sie den Impuls von innen, indem sie FREI SIND. Damit erzeugen sie wie schon so oft die äußere Realität. Hören sie nicht auf die vielen „Ja, aber..." ihrer Angst. Gehen sie in tiefem Vertrauen ihren eigenen Weg in Freiheit, und je mehr sie vertrauen desto weniger kann ihnen dabei passieren.

Ein Beispiel: Vor ein paar Jahren rief ich ein Bekannte an, da ich seelischen Hilfe benötigte. Diese war jedoch kurz vor einer Reise und hatte erst danach, also in einigen Wochen, Zeit. Sie sagte mir: „vielleicht findest du bis dahin ja einen Weg der Dich wieder befreit". Nach diesem Satz fiel mir der berühmte Groschen. Denn ich spürte nun, dass ich durch mein eigenes Denken und Empfinden gefangen war, aber doch eigentlich von Natur aus frei bin. Damit war der Spuk wenige Stunden nach dem Gespräch wie in Luft aufgelöst.

Zusammengefasste Fragestellungen

Sie spüren seit einiger Zeit eine latente innere Unruhe.
Was könnte die Ursache dafür sein?
Suchen sie weniger in den äußeren Ursachen, als in ihren
inneren Ursachen. Sofern sie eine mögliche Antwort
gefunden haben, lassen sie diese ein paar Tage auf sich
wirken. Dann gehen sie einen Schritt tiefer und fragen
sich: **ist dies wirklich der Grund, oder gibt es noch
einen tieferen Grund,** welcher vielleicht schon lange
zurück liegt? Diesen „Gang in die Tiefe" können sie so oft
wiederholen, bis sie der Meinung sind, den wirklichen
Grund gefunden zu haben. Entdecken sie den Hauptgrund,
dann versuchen sie den Sachverhalt möglichst neutral zu
sehen. Denn Schuldgefühle werden ihnen sicherlich nicht
unbedingt hilfreich bei ihrem weiteren Wachstum sein.

Nun Akzeptieren sie ihre Entdeckungen so, wie sie sind.
Betrachten diese noch einige Zeit mit neutralen Gefühlen
und lösen sie somit auf.
Parallel können sie sich bereits die Frage stellen:
**Wie würde ich mich fühlen, wenn ich meinen inneren
Frieden gefunden habe?**
Nehmen sie sich nun die Zeit und Ruhe um ihren
erwünschten Zustand zu fühlen. Genießen sie es eine
Weile. Auch dies wiederholen sie so oft wie ihr Gefühl
meint, dass es notwendig ist.

Lassen sie das Alte los, und erschaffen sie sich neu.

Hilfreiche Affirmationen

Ich erkenne meine Unruhe gütig an und lasse sie gehen.

Ich erkenne meine Vergangenheit gütig an und lasse sie nun vergangen sein.

Ich lasse die Vergangenheit jetzt los und spüre wie der innere Frieden in mir täglich wächst.

Ich spüre die Sanftheit des inneren Friedens und erfreue mich daran.

Ich spüre wie der innere Frieden bereits als Keim in mir ist und täglich wie eine schöne Pflanze wächst.

Ich spüre die wachsende Kraft, die ich durch den Abstand zu den Dingen gewonnen habe.

Ich spüre, dass ich durch meinen inneren Frieden die Macht über mich selbst immer mehr zurückgewinne.

Der innere Frieden ist immer vorhanden, ich öffne mich ihm nun und lasse ihn in jede Zelle meines Körpers.

Durch das Leben meines inneren Friedens gebe ich jedem Menschen friedliche Impulse.

Hilfreiche Aphorismen

Der Geist, der an nichts haftet,
wird weit wie der Himmel,
in welchem die Wolken vorbeiziehen.
Eine große innere Freiheit verwirklicht sich...
Laotse

Ein Problem zu lösen heißt sich vom Problem zu lösen.
Goethe.

Nicht weil es schwer ist, wagen wir's nicht, sondern weil
wir's nicht wagen, ist's schwer.
Seneca

Wenn wir alles täten, wozu wir imstande sind, würden wir
uns wahrlich in Erstaunen versetzen!"
Thomas A. Edison.

Wer begriffen und verinnerlicht hat, wie Gefühle und
Entscheidungen funktionieren, der hat eine schier
unbegrenzte Entwicklungsmöglichkeit in jeder Beziehung.
Anthony Robbins

Der innere Friede hängt immer vom Menschen selbst ab:
Der Mensch braucht zu seinem Glück im wahren
Verstande nichts als ihn, und braucht, um ihn zu besitzen,
nichts als sich.
Karl Wilhelm Freiherr von Humboldt (1767 - 1835)

Du darfst auf keinen Fall deinen inneren Frieden verlieren,
auch dann nicht, wenn die ganze Welt aus den Fugen zu
geraten scheint.
Franz von Sales (1567 - 1622)

Friede ernährt - Unfriede verzehrt.
Deutsches Sprichwort

Frieden kannst du nur haben, wenn du ihn gibst.
Marie Freifrau von Ebner-Eschenbach (1830 - 1916),

Fünf große Feinde des Friedens wohnen in uns: nämlich
Habgier, Ehrgeiz, Neid, Wut und Stolz. Wenn diese
Feinde vertrieben werden könnten, würden wir zweifellos
ewigen Frieden genießen.
Francesco Petrarca 1304 – 1374

Man muß vieles, das unser Ohr trifft, nicht hören, als wäre
man taub, und dafür Sinn und Verstand auf das richten,
was dem Herzen den Frieden bringt.
Thomas von Kempen 1379/80 – 1471

Selig ist der Mensch, der mit sich selbst in Frieden lebt. Es gibt auf Erden kein größeres Glück.
Matthias Claudius (1740 - 1815)

Friede ist der Naturzustand des unbedrängten menschlichen Geschlechts.
Johann Gottfried von Herder (1744 - 1803)

In den Dünen sitzen.
Nichts sehen als Sonne.
Nichts fühlen als Wärme.
Nichts hören als Brandung.
Zwischen zwei Herzschlägen glauben:
nun ist Frieden.
Günter Kunert

Der Friede geht von dem aus, der Liebe sät, indem er sie zu Taten werden läßt.
Mutter Teresa (1910 - 1997)

Die Menschen, die nach Ruhe suchen,
die finden Ruhe nimmermehr,
weil sie die Ruhe, die sie suchen,
in Eile jagen vor sich her.
Wilhelm Müller (1794 - 1827)

Halte etwas mehr Abstand zu den Menschen und
Ereignissen, und du wirst mehr Ruhe haben.
Paul Haschek

Nichts versüßt unser Dasein mehr, als eine gewisse
Seelenruhe, welche die Sorgen und trüben Vorstellungen,
die den Geist beunruhigen, verscheucht.
Friedrich II., der Große (1712 - 1786)

Wenn man die Ruhe nicht in sich selbst findet, ist es
vergeblich, sie anderswo zu suchen.
François VI. Duc de La Rochefoucauld

Ruhe zieht das Leben an, Unruhe verscheucht es. *Gottfried
Keller (1819 - 1890)*

Das Ruhen ist eine Bereitstellung ungenutzer Kräfte.
Drukpa Rinpoche

Schmutziges Wasser wird wieder klar, wenn man es
stehen läßt.
Laotse

So tun, als ob gelassen sein. Die Rolle des Ruhigen so zu spielen, dass man als in sich Ruhenden wahrgenommen wird. Dann wird man sich in einen ruhigen Menschen verwandeln.

Paul Wilson

Ruhige Gedanken denken. Sich ruhige Bilder ausmalen. Sich an ruhige Klänge erinnern. Wie wird einem dann wohl zumute sein?

Paul Wilson

Wenn Sie unter Druck stehen, gehen Sie an einen ruhigen Ort, und nehmen Sie sich dreißig Sekunden Zeit, um sich zu sammeln: Es sind vielleicht die nützlichsten dreißig Sekunden des Tages.

Paul Wilson

Verworrenheit führt zu Belastungen. Beseitigen Sie den Wirrwarr, und der Weg zur Ruhe ist frei.

Paul Wilson

Richten Sie sich höher auf, als es Ihnen natürlich erscheint, so als ob Sie über sich hinauswachsen. Je höher erhoben Sie sich fühlen, um so ruhiger werden Sie innerlich.

Paul Wilson

Wer seine Kraft bewahren und seinen Geist ausruhen
lassen kann, wird Nerven wie Stahl bekommen.
Prentice Mulford 1834 - 1891

Bleib ruhig: In hundert Jahren ist alles vorbei.
Ralph Waldo Emerson (1803 - 1882)

Solang du nach dem Glücke jagst,
Bist du nicht reif zum glücklich sein
Und wäre alles Liebste dein.
Solange du nach Verlorenem klagst
Und Ziele hast und rastlos bist,
Weißt du noch nicht, was Friede ist.
Erst wenn du jedem Wunsch entsagst,
Nicht Ziele mehr, noch Begehren kennst,
Das Glück nicht mehr mit Namen nennst,
Dann reicht dir des Geschehens Flut
Nicht mehr ans Herz - und deine Seele ruht.
Hermann Hesse

Das Höchste, was der Mensch besitzen kann,
ist jene Ruhe, jene Heiterkeit, jener innere Friede,
die durch keine Leidenschaft beunruhigt werden.
Immanuel Kant 1724-1804 dt. Philosoph

Lebensfreude entsteht durch Frieden,
der nicht statisch, sondern dynamisch ist.
Henry Miller

Die erste Bedingung, um mit anderen in Frieden leben zu können, ist die, mit sich selbst in Frieden zu sein.

Aristide Gabelli